COLLECTION
CONNAÎTRE UNE ŒUVRE

SHAKESPEARE

La Tempête

Fiche de lecture

Les Éditions du Cénacle

© Les Éditions du Cénacle, 2020.

1 rue Honoré - 93500 Pantin.

ISBN 978-2-7593-0760-9

Dépôt légal : Juin 2020

Impression Books on Demand GmbH

In de Tarpen 42

22848 Norderstedt, Allemagne

SOMMAIRE

- Biographie de Shakespeare.. 9

- Présentation de l'œuvre... 15

- Résumé de la pièce de théâtre... 19

- Les raisons du succès.. 25

- Les thèmes principaux... 29

- Étude du mouvement littéraire... 35

- Dans la même collection.. 39

BIOGRAPHIE DE SHAKESPEARE

William Shakespeare est baptisé quelques jours après sa naissance, le 26 avril 1564 à Stratford sur Avon. Il est le troisième enfant de John Shakespeare, un négociant en viande et en laine et de Mary Arden, une jeune femme issue de la bonne bourgeoisie terrienne. Prospérant grâce à son commerce, John Shakespeare devient conseiller municipal puis maire en 1568.

William Shakespeare fréquente probablement la Grammar School, prestigieux collège du bourg. Entre 1576 et 1582, les affaires de John vont mal. Endetté, il est contraint d'hypothéquer une partie de l'héritage familial de sa femme.

Le 27 novembre 1582, William Shakespeare épouse Anne Hathaway, de huit ans son aînée, à Worcester. Quelques mois plus tard, elle donne naissance à leur premier enfant, Susanna, baptisée le 26 mai 1583, puis à Hamnet et Judith, baptisés le 2 février 1585.

La même année, Shakespeare part pour Londres, commence à écrire pour la scène et joue des petits rôles en exerçant d'autres métiers. Durant « ces années perdues » de 1585 à 1592, son parcours est difficile à reconstituer avec exactitude. À partir de 1589, il écrit essentiellement des pièces historiques qui mettent en scène les conséquences désastreuses des règnes de souverains faibles et corrompus : c'est la trilogie *Henry VI*, *Richard III* et *Titus Andronicus*.

Il rejoint la troupe de Lord Strange en 1592. Entre 1593 et 1594, une vague de peste fait fermer tous les théâtres. Durant cette période, Shakespeare se consacre à l'écriture de deux poèmes dédiés au duc de Southampton, *Venus et Adonis* et le *Viol de Lucrèce*, publiés respectivement en 1593 et 1594 par Richard Field.

En 1594, il est l'un des membres fondateurs de la troupe du Lord Chambellan (Lord Chamberlain's men) et joue *La Mégère apprivoisée* et *La Comédie des erreurs* à « The Theatre », au nord-est de la ville. Il écrit les comédies *Deux gentilshommes à Vérone* et *Peines d'amour perdues*, ainsi que les romances *Roméo et Juliette*, *Songe d'une nuit d'été* et *Le Marchand de Venise*.

Son unique fils, Hamnet, décède à l'âge de onze ans. Il est enterré à Stratford le 11 août 1596. Auteur de déjà quinze pièces, Shakespeare achète la deuxième plus grande maison de Stratford, « New Place » et y installe sa famille.

En 1598, le bail du théâtre n'étant pas renouvelé, Shakespeare et la troupe le démontent à l'insu du propriétaire. Avec les matériaux volés, ils reconstruisent un nouveau théâtre de l'autre côté de la Tamise et le baptisent Le Globe. La pièce *Peines d'amour perdues* est la première à être publiée sous son nom, la même année.

La troupe donne des représentations en public pour ceux qui veulent bien payer leur écot, mais également à la cour. La reine Élisabeth Ière les sollicitera trente-deux fois, contre vingt-trois fois pour la troupe rivale du Grand Amiral.

Quand Jacques Ier succède à Élisabeth Ière sur le trône en 1599, la troupe devient celle des Hommes du Roi (*King's men*). De mai 1603 à avril 1604, les théâtres sont de nouveau fermés à cause de la peste. *Hamlet* est publié en 1604 et sur scène, Shakespeare interprète lui-même le rôle de Spectre. Les années qui suivent, il écrit d'autres tragédies : *Othello*, *Macbeth* et *Le Roi Lear*, avant de se consacrer après 1610 aux tragi-comédies avec *Cymbline* et *Le Conte d'hiver*. *La Tempête* est la dernière pièce écrite par Shakespeare en son nom seul, ses deux dernières pièces *Henri VIII* et *Les Deux nobles cousins* étant des collaborations avec John Fletcher.

Le 29 juin 1613, un incendie ravage Le Globe durant une représentation de *Tout est vrai*, titre original d'*Henri VIII*. Il est immédiatement reconstruit et ouvre de nouveau l'année suivante.

Shakespeare meurt à cinquante-deux ans, le 25 avril 1616.

Il est enterré dans le chœur de l'église de la Sainte Trinité dont il était sociétaire.

PRÉSENTATION DE L'ŒUVRE

Rédigée entre 1610 et 1611, *La Tempête* est la dernière pièce écrite par Shakespeare en son nom seul. *Henri VIII* et *Les Deux nobles cousins*, les deux pièces qui suivent, entre 1612 et 1614, sont des collaborations avec John Fletcher.

Publiée pour la première fois dans le *Premier folio* de 1623, *La Tempête* ouvre la section des comédies de ce recueil qui regroupe l'œuvre complète du dramaturge. Le texte est imprimé à partir d'une retranscription de Ralph Crane, un scribe employé par la Troupe des Hommes du Roi.

Comédie alliant habilement romance, magie, chants et danses, *La Tempête* met en scène un naufrage, vengeance du magicien Prospero pour reprendre le pouvoir que son frère lui a usurpé. Inspiré par l'exploration du Nouveau Monde, Shakespeare s'intéresse aux effets de cette expansion à travers les relations de Prospero et de Caliban. Il offre une vision complexe et ambiguë de la nature humaine et explore les thèmes du pouvoir, de la justice et de la vengeance.

Dans cette pièce où la magie est tout un art, le personnage de Prospero peut être vu comme une représentation de l'auteur lui-même. Avec ses illusions, le magicien manipule les autres personnages et l'audience comme le dramaturge le fait avec sa plume. L'abandon de la magie et l'épilogue sonnent alors comme un adieu au monde du théâtre, adressé par Shakespeare à son public.

RÉSUMÉ DE LA PIÈCE

Acte I

Scène 1

Alors que leur bateau fait face à une tempête, le bosseman se querelle avec Antonio et Sébastien qui voyagent avec le roi Alonzo de Naples. Le conseiller du roi, Gonzalo, reste calme, tandis que le bateau fait naufrage.

Scène 2

Échoués sur une île déserte depuis douze ans, Prospero et sa fille Miranda sont témoins du naufrage. Prospero avoue à sa fille être le Duc de Milan, mais trahi par son frère Antonio qui a pris le pouvoir, il a été contraint à l'exil et a miraculeusement échoué sur cette île. La tempête est une vengeance de Prospero qu'il a commandée à Ariel, un esprit de l'air. Elle a dispersé les naufragés sur l'île : d'un côté Antonio et ses complices, le roi de Naples Alonzo et son frère Sébastien ainsi que le conseiller Gonzalo, de l'autre Ferdinand, le fils d'Alonzo, qui tombe sous le charme de Miranda.

Acte II

Scène 1

Gonzalo tente de convaincre le roi que son fils Ferdinand est toujours en vie, sous les moqueries d'Antonio et de Sébastien, persuadés du contraire. Invisible, Ariel les rejoint et plonge le roi et son conseiller dans un sommeil magique. Antonio suggère à Sébastien d'en profiter pour tuer le roi et prendre sa place. Mais au moment où ils s'apprêtent à tuer Alonzo et Gonzalo, Ariel les réveille et les quatre hommes partent à la recherche de Ferdinand.

Scène 2

Deux autres survivants du naufrage, le bouffon Trinculo et le sommelier ivrogne Stephano rencontrent Caliban. Fils difforme de la sorcière Sycorax exilée il y a bien longtemps sur l'île, il est à présent l'esclave de Propero. Trinculo et Stephano lui font boire du vin. Ivre, Caliban les convainc de faire de lui leur esclave.

Acte III

Scène 1

Prospero a ordonné à Ferdinand de transporter des bûches de bois, mais ce dernier exécute ce dur labeur avec joie, conscient que Miranda n'est pas insensible à son charme. Miranda le rejoint et les deux jeunes gens s'avouent mutuellement leur amour. Ferdinand fait la promesse à la jeune fille de l'épouser. Témoin de la scène, Prospero est heureux.

Scène 2

Ivres, Caliban et ses nouveaux maîtres, Trinculo et Stephano complotent. Caliban suggère à Stephano de tuer Prospero qui lui a pris son île, puis de brûler ses livres magiques et de faire de Miranda sa reine. Stephano accepte et les trois hommes s'éloignent en suivant la mélopée ensorcelante jouée par Ariel.

Scène 3

Invisible, Prospero fait apparaître un banquet pour attirer Alonzo, Sébastien et Antonio. Mais quand ces derniers s'en approchent, il disparaît et Ariel fond sur eux, déguisée en harpie. Elle prédit que le tourment va s'abattre sur eux pour les punir de leurs crimes, à moins qu'ils ne se repentent et ne mènent une vie irréprochable. Alonzo part retrouver son fils pour le rejoindre dans la mort, accompagné par Sébastien, Antonio et Gonzalo.

Acte IV

Scène 1

Prospero accorde à Ferdinand la main de sa fille et offre au jeune couple une représentation traditionnelle des mariages princiers, un masque auquel participent les esprits des déesses Junon, Cérès et Iris. Mais la fête est interrompue par le complot de Caliban, que Prospero déjoue sans peine en laissant les esprits, sous la forme de chiens de chasse, se lancer aux trousses des trois hommes. Les ennemis de Prospero sont maintenant à sa merci. Une fois sa dernière tâche accomplie, Ariel sera libérée.

Acte V

Scène 1

Prospero décide qu'il est temps pour lui d'abandonner la magie et se montre clément face à ses prisonniers. Antonio, Alonzo et Sébastien se repentent et lui rendent son duché.

Prospero révèle à Alonzo, qui pleure encore la mort de son fils, que ce dernier est toujours en vie. Le maître et le bosseman reparaissent, leur bateau remis à flot par Ariel. Prospero les invite à passer la nuit dans son logis pour leur faire le récit de son histoire avant de reprendre le bateau pour Naples et de célébrer les noces de Ferdinand et Miranda.

LES RAISONS DU SUCCÈS

Rédigée entre 1610 et 1611, *La Tempête* est la dernière pièce écrite par Shakespeare en son nom seul. Avant sa mort en 1616, il collaborera à la rédaction de deux pièces avec John Fletcher : *Henri VIII* et *Les Deux nobles cousins*.

Jouée par la Troupe des Hommes du Roi à la cour de Jacques Ier, la première représentation de *La Tempête* dont il est fait état remonte au 1er novembre 1611. La pièce faisait également partie des festivités lors du mariage d'Elisabeth Stuart, fille du roi Jacques Ier, en février 1613.

Entièrement issue de l'imagination de Shakespeare, l'intrigue de la pièce s'inspire des pièces italiennes de la Comedia Dell'Arte, où l'on retrouve le thème de marins s'échouant sur une île habitée par un magicien. Mais c'est surtout l'exploration du Nouveau Monde qui a inspiré Shakespeare, et particulièrement le naufrage de vaisseaux coloniaux au large des Bermudes en 1609. Les descriptions du naufrage et du feu de Saint-Elme par Ariel (Acte I, Scène 2) sont directement fondées sur le témoignage d'un survivant de la tragédie de 1609, William Stratchey.

Shakespeare exploite également les *Essais* de Montaigne à travers des textes comme « Des Cannibales » ou « De la cruauté » pour exposer sa propre vision de la découverte d'autres peuples. En effet, il rejette le mythe du bon sauvage et préfère adopter un propos plus nuancé, une vision qui ne néglige pas la complexité et l'ambigüité de la nature humaine.

Comédie alliant habilement magie, romance ainsi que de nombreux chants et scènes de danse, *La Tempête* prend la forme d'un masque dans l'acte IV et peut être entièrement vue comme tel. Divertissement populaire à la cour du roi Henri VIII qui se perpétue à l'ère élisabéthaine, le masque se joue souvent lors des mariages et autres prestigieux événements de la haute société. On retrouve d'ailleurs les thèmes fantastiques des masques dans de nombreuses pièces de Shakespeare : *Songe d'une nuit d'été*, *Roméo et Juliette* ou encore *Beaucoup de bruit pour rien*.

Si Ben Jonson reste bien plus populaire auprès du public de l'époque, cela n'empêchera pas le rival de Shakespeare de reconnaître la grandeur du dramaturge après sa mort en 1623 : « Triomphe ma Bretagne, tu peux montrer un homme à qui toutes les scènes d'Europe doivent hommage. Il n'était pas d'un temps, mais de toujours... » Quatre cents ans après sa mort, alors que ses contemporains ont sombré dans l'oubli, Shakespeare est plus populaire que jamais. Il est aujourd'hui l'auteur le plus joué au théâtre. *La Tempête* est sa huitième pièce la plus interprétée, elle représente cinq pour cent de toutes les productions shakespeariennes enregistrées depuis 2011.

LES THÈMES PRINCIPAUX

L'illusion de la justice et la tentation de la vengeance

La justice et la vengeance sont des thèmes majeurs de *La Tempête*. La pièce met en scène la quête de Prospero pour rétablir la justice en reprenant le pouvoir, suite à l'usurpation du trône par son frère Antonio. Cependant, l'idée de justice biaisée par la vision d'un personnage qui lui-même contrôle le destin de tous les autres, reste très subjective dans la pièce. Le sens de la justice de Prospero est unilatéral. S'il se présente comme un redresseur de torts, cela ne l'empêche pas d'agir égoïstement et d'asservir Ariel et Caliban pour parvenir à ses fins.

La trahison d'Antonio n'est pas le seul exemple de prise de pouvoir par la force dans la pièce et ce genre d'action conduit inévitablement à un régime politique instable et à une nouvelle tentative de renversement du pouvoir par la violence. Ainsi, Sébastien complote avec Antonio pour renverser son frère Alonzo et l'asservissement de Caliban le conduit à vouloir se venger de son maître Prospero en aidant Stephano à prendre le pouvoir.

En utilisant la magie, qui fait écho aux effets spéciaux sur scène, Prospero persuade progressivement les autres personnages et le public qu'il est victime d'une injustice et que contrairement aux autres protagonistes, sa vengeance est légitime. En choisissant d'abandonner la magie, il rompt le cycle de la violence et renonce finalement à se venger de son frère et de ses complices, leur accordant sa clémence et sa miséricorde. Grâce à l'union de Ferdinand et Miranda, l'alliance possible entre les villes gouvernées par Alonzo et Prospero apporte une fin heureuse à la pièce, preuve que la compassion et le pardon sont souvent des outils politiques bien plus efficaces que la violence.

La magie

La magie est au cœur de *La Tempête* à travers les illusions que crée le magicien Prospero avec l'aide d'Ariel pour manipuler ses ennemis et révéler leur vraie nature. La magie offre à Prospero un contrôle total de l'intrigue. Tel un dieu omniscient, il maîtrise parfaitement le déroulement de l'action et déjoue sans peine les plans de ses opposants, comme la tentative de rébellion de Caliban. Prospero suggère même que la vie n'est en fait qu'une illusion qui s'évanouit avec la mort : « Nous sommes de l'étoffe dont sont faits les rêves, et notre petite vie est enveloppée dans un somme… »
(Acte IV, Scène 1)

Prospero qualifie sa magie d'art et ses pouvoirs magiques sont semblables aux techniques littéraires dont use un dramaturge. Comme l'auteur joue avec les mots, Prospero utilise la magie pour créer des illusions, contrôler des situations et résoudre des conflits. Tout au long de la pièce, il se cache dans l'ombre, tel un metteur en scène, pour surveiller le bon déroulement de l'intrigue. L'abandon de la magie et l'épilogue dans lequel il demande au public des applaudissements qui le libéreront, peuvent être vus comme l'adieu au théâtre de Shakespeare qui signe ici sa dernière pièce : « Maintenant, tous mes charmes sont détruits. [...] Mais délivrez-moi de mes liens à l'aide de vos mains complaisantes. Il faut que vos murmures favorables emplissent mes voiles ; sinon, adieu mon projet, qui était de vous plaire. Je n'ai plus maintenant d'esprit pour dominer, d'art pour enchanter, et ma fin sera le désespoir. » (Acte V, Scène 1)
Chants et scènes de danse renforcent l'atmosphère fantastique de la pièce. La majeure partie de l'acte IV prend la forme d'un masque. L'ensemble de la pièce peut d'ailleurs

être vu comme ce divertissement très prisé de la haute société, exécuté par des acteurs déguisés en figures mythologiques ou allégoriques.

La colonisation

Les voyages d'exploration sont particulièrement en vogue à l'ère élisabéthaine et la découverte du Nouveau Monde a particulièrement inspiré Shakespeare. *La Tempête* explore les relations complexes entre colonisateurs européens et autochtones à travers les personnages de Prospero et Caliban. Prospero voit ce dernier comme un être inférieur et à ce titre, il pense que Caliban devrait lui être reconnaissant de l'avoir éduqué et civilisé. Prospero ne songe pas une seule seconde qu'il a volé la souveraineté de l'île à Caliban de la même manière que son frère Antonio lui a usurpé le trône.

Si Shakespeare s'inspire volontiers du chapitre « Des Cannibales » des *Essais* de Montaigne, mettant en lumière la sauvagerie des Occidentaux « civilisés », comme Prospero, qui s'approprient par la violence les terres de ceux qu'ils jugent inférieurs, la pièce rejette le mythe du bon sauvage et nuance le propos de Montaigne en opposant à Prospero un Caliban vengeur.

Conscient d'être traité injustement par Prospero, celui-ci nourrit un profond désir de vengeance. Il se montre violent, ce qui renforce l'idée du Duc, à savoir qu'il n'est qu'un sauvage. Shakespeare illustre ici la relation conflictuelle entre colonisateur et colonisé, pensant chacun que l'autre est en tort.

La Tempête s'intéresse également aux problèmes qu'engendre l'expansion, comme l'intolérance et le racisme. Persuadé de sa supériorité, le colonisateur tend à imposer sa toute-puissance et à étendre son territoire, quitte à réduire les peuples autochtones à l'état d'esclaves. Stephano et Trinculo sont tentés de vendre Caliban à une maison de curiosités et le sommelier se voit déjà roi de l'île. Gonzalo, quant à lui, voit en cette île la possibilité de créer une société utopique. Tous ces personnages voient l'immense potentiel d'un tel espace de liberté. L'île est une page blanche qui ne demande qu'à être remplie.

ÉTUDE DU MOUVEMENT LITTÉRAIRE

La comédie élisabéthaine

En 1572, les comédiens étaient considérés par la loi comme des vagabonds et contraints de trouver un grand seigneur pour les patronner. Les représentations théâtrales impliquaient des rassemblements importants de personnes jugés nuisibles au maintien de l'ordre public. Il faut attendre le milieu du XVIe siècle pour que l'influence de la Renaissance italienne gagne le nord de l'Europe et l'Angleterre pour que l'art dramatique prenne enfin son essor. La tradition des interludes, développée par John Heywood, se lie à la comédie classique latine pour donner naissance à un tout nouveau genre : la comédie élisabéthaine.

En 1567, un premier théâtre est construit au nord de Londres, le Red Lion. Quelques années plus tard en 1576, le comédien James Burbage construit « The Theatre ». Le public aussi bien populaire qu'aristocratique accueille avec un grand enthousiasme ces représentations, tant et si bien que face à un tel succès commercial, les théâtres ne cessent de se multiplier autour de la ville de Londres.

La plupart des théâtres se composent d'une salle circulaire où les spectateurs se tiennent debout des trois côtés de la scène surélevée, à l'arrière de laquelle se dresse une tour. Les spectateurs les plus aisés prennent place dans les galeries qui entourent la scène. Les troupes ne sont composées que de comédiens masculins qui, en plus de leur compétence d'acteur, doivent savoir danser et chanter. Parmi les comédiens comiques les plus connus de l'époque, on compte Will Kempe, Richard Tarlton, Robert Armin ou encore Lawrence Fletcher.

Dans les années 1590, l'art dramatique prospère, mais doit faire face aux réprobations des puritains et aux nombreuses fermetures obligatoires des théâtres durant les épidémies de peste. Le public est friand de comédies citadines (*city comedy*) qui mettent en scène le Londres de l'époque, comme *Le Jour de fête des cordonniers* de Thomas Dekker (1599) ou *A Chast maid in cheapside* de Thomas Middleton (1613).

À la fin du siècle, un londonien sur huit fréquente les théâtres de la rive sud de la Tamise, dont le plus célèbre reste Le Globe où se produisent William Shakespeare et Ben Jonson.

Auteur de trente-sept pièces et cent-cinquante-quatre sonnets, Shakespeare aime varier les genres. L'œuvre prolifique du dramaturge compte bon nombre de comédies populaires allant de la romance à la farce en passant par la féérie et la tragi-comédie. Loin d'être superficielles, ces pièces explorent les facettes de la nature humaine avec poésie et légèreté, comme *La Nuit des rois* ou encore *Comme il vous plaira*.

Plus populaire auprès de ses contemporains, son rival Ben Jonson préfère quant à lui la satire comique, qu'il veut être « miroir des mœurs, l'image de la vérité », une vive attaque qu'il lance sur les maux d'une société corrompue. Sa comédie réaliste *L'Alchimiste* dresse un portrait caustique des vices et vanités du genre humain et notamment de la crédulité face au charlatanisme.

Près de trente ans après la mort de Shakespeare, la fermeture définitive des salles de spectacle puis leur destruction commandée par le Parlement marquera la fin du théâtre élisabéthain.

DANS LA MÊME COLLECTION
(par ordre alphabétique)

- **Anonyme**, *La Farce de Maître Pathelin*
- **Anouilh**, *Antigone*
- **Aragon**, *Aurélien*
- **Aragon**, *Le Paysan de Paris*
- **Austen**, *Raison et Sentiments*
- **Balzac**, *Illusions perdues*
- **Balzac**, *La Femme de trente ans*
- **Balzac**, *Le Colonel Chabert*
- **Balzac**, *Le Lys dans la vallée*
- **Balzac**, *Le Père Goriot*
- **Barbey d'Aurevilly**, *L'Ensorcelée*
- **Barbey d'Aurevilly**, *Les Diaboliques*
- **Bataille**, *Ma mère*
- **Baudelaire**, *Les Fleurs du Mal*
- **Baudelaire**, *Petits poèmes en prose*
- **Beaumarchais**, *Le Barbier de Séville*
- **Beaumarchais**, *Le Mariage de Figaro*
- **Beauvoir**, *Mémoires d'une jeune fille rangée*
- **Beckett**, *Fin de partie*
- **Brecht**, *La Noce*
- **Brecht**, *La Résistible ascension d'Arturo Ui*
- **Brecht**, *Mère Courage et ses enfants*
- **Breton**, *Nadja*
- **Brontë**, *Jane Eyre*
- **Camus**, *L'Étranger*
- **Carroll**, *Alice au pays des merveilles*
- **Céline**, *Mort à crédit*
- **Céline**, *Voyage au bout de la nuit*

- **Chateaubriand**, *Atala*
- **Chateaubriand**, *René*
- **Chrétien de Troyes**, *Perceval*
- **Cocteau**, *Les Enfants terribles*
- **Colette**, *Le Blé en herbe*
- **Corneille**, *Le Cid*
- **Crébillon fils**, *Les Égarements du cœur et de l'esprit*
- **Defoe**, *Robinson Crusoé*
- **Dickens**, *Oliver Twist*
- **Du Bellay**, *Les Regrets*
- **Dumas**, *Henri III et sa cour*
- **Duras**, *L'Amant*
- **Duras**, *La Pluie d'été*
- **Duras**, *Un barrage contre le Pacifique*
- **Flaubert**, *Bouvard et Pécuchet*
- **Flaubert**, *L'Éducation sentimentale*
- **Flaubert**, *Madame Bovary*
- **Flaubert**, *Salammbô*
- **Gary**, *La Vie devant soi*
- **Giraudoux**, *Électre*
- **Giraudoux**, *La Guerre de Troie n'aura pas lieu*
- **Gogol**, *Le Mariage*
- **Homère**, *L'Odyssée*
- **Hugo**, *Hernani*
- **Hugo**, *Les Misérables*
- **Hugo**, *Notre-Dame de Paris*
- **Huxley**, *Le Meilleur des mondes*
- **Jaccottet**, *À la lumière d'hiver*
- **James**, *Une vie à Londres*
- **Jarry**, *Ubu roi*
- **Kafka**, *La Métamorphose*
- **Kerouac**, *Sur la route*
- **Kessel**, *Le Lion*

- **La Fayette**, *La Princesse de Clèves*
- **Le Clézio**, *Mondo et autres histoires*
- **Levi**, *Si c'est un homme*
- **London**, *Croc-Blanc*
- **London**, *L'Appel de la forêt*
- **Maupassant**, *Boule de suif*
- **Maupassant**, *Le Horla*
- **Maupassant**, *Une vie*
- **Molière**, *Amphitryon*
- **Molière**, *Dom Juan*
- **Molière**, *L'Avare*
- **Molière**, *Le Malade imaginaire*
- **Molière**, *Le Tartuffe*
- **Molière**, *Les Fourberies de Scapin*
- **Musset**, *Les Caprices de Marianne*
- **Musset**, *Lorenzaccio*
- **Musset**, *On ne badine pas avec l'amour*
- **Perec**, *La Disparition*
- **Perec**, *Les Choses*
- **Perrault**, *Contes*
- **Prévert**, *Paroles*
- **Prévost**, *Manon Lescaut*
- **Proust**, *À l'ombre des jeunes filles en fleurs*
- **Proust**, *Albertine disparue*
- **Proust**, *Du côté de chez Swann*
- **Proust**, *Le Côté de Guermantes*
- **Proust**, *Le Temps retrouvé*
- **Proust**, *Sodome et Gomorrhe*
- **Proust**, *Un amour de Swann*
- **Queneau**, *Exercices de style*
- **Quignard**, *Tous les matins du monde*
- **Rabelais**, *Gargantua*
- **Rabelais**, *Pantagruel*

- **Racine**, *Andromaque*
- **Racine**, *Bérénice*
- **Racine**, *Britannicus*
- **Racine**, *Phèdre*
- **Renard**, *Poil de carotte*
- **Rimbaud**, *Une saison en enfer*
- **Sagan**, *Bonjour tristesse*
- **Saint-Exupéry**, *Le Petit Prince*
- **Sarraute**, *Enfance*
- **Sarraute**, *Tropismes*
- **Sartre**, *Huis clos*
- **Sartre**, *La Nausée*
- **Senghor**, *La Belle histoire de Leuk-le-lièvre*
- **Shakespeare**, *Roméo et Juliette*
- **Steinbeck**, *Les Raisins de la colère*
- **Stendhal**, *La Chartreuse de Parme*
- **Stendhal**, *Le Rouge et le Noir*
- **Verlaine**, *Romances sans paroles*
- **Verne**, *Une ville flottante*
- **Verne**, *Voyage au centre de la Terre*
- **Vian**, *L'Arrache-cœur*
- **Vian**, *L'Écume des jours*
- **Voltaire**, *Candide*
- **Voltaire**, *Micromégas*
- **Zola**, *Au Bonheur des Dames*
- **Zola**, *Germinal*
- **Zola**, *L'Argent*
- **Zola**, *L'Assommoir*
- **Zola**, *La Bête humaine*
- **Zola**, *Nana*
- **Zola**, *Pot-Bouille*

CPSIA information can be obtained
at www.ICGtesting.com
Printed in the USA
LVHW090008180720
661001LV00007B/619